Me llamo

Fui bautizado/a el

Mis padrinos son

Este libro es un regalo de

Mi libro del bautismo
2010 Primera impresión de esta edición

Texto de Sophie Piper
Traducción de Robert Edmonson, CJ, y Hermano Benedict Young, CJ
Ilustraciones copyright © 2006 Dubravka Kolanovic
Versión en inglés © 2006 Lion Hudson
Versión en español © 2010 Paraclete Press, Inc.

Editado en los Estados Unidos de América
por Paraclete Press, Inc., 2010
ISBN: 978-1-55725-874-8
Edición original en inglés en 2006 por
Lion Hudson plc
Oxford, England

10 9 8 7 6 5 4 3 2 1

Agradecimientos
Las oraciones de fuentes no mencionadas en las páginas 5, 6, 11, 13, 47, 48 y 50
son de Sophie Piper, copyright © Lion Hudson.
Las oraciones de fuentes no mencionadas en las páginas 21, 24, 30 y 58 y las
de las páginas 36, 40, 49 y 53 son de Lois Rock, © Lion Hudson

Los versículos de la Biblia se adaptaron de La Santa Biblia, Nueva Versión
Internacional® NVI®. Copyright © 1999 por Biblica, Inc. Usados con permiso.
Todos los derechos reservados en todos países.

Oración de la Madre Teresa usada con permiso.

Casa editorial
Paraclete Press, Inc.
Brewster, Massachusetts EE.UU.
www.paracletepress.com

Impreso y encuadernado en China
por South China Printing Ltd., año 2010

Mi libro
del bautismo

Sophie Piper
Dubravka Kolanovic

PARACLETE PRESS
Brewster, Massachusetts

Yo

Sé que soy yo
desde la cabeza hasta
los dedos de los pies,
las manos y los dedos,
las orejas y la nariz.

Haga lo que haga,
y sea lo que sea,
para siempre y siempre
sé que seré yo.

Antes de crearme,
Dios me amó.

Cuando nací,
Dios me amó.

Ahora estoy aquí,

Dios me ama.

Por los siglos de los siglos,

Dios me ama.

Dios, que hizo la tierra,
El aire, el cielo, el mar,
Que creó la luz,
Se interesa mucho por mí.

Dios, que hizo la hierba,
La flor, la fruta, el árbol,
El día y la noche que pasan,
Se interesa mucho por mí.

Dios, que hizo todas las cosas,
En la tierra, en el aire, en el mar,
Que trae las estaciones,
Se interesa mucho por mí.

Sarah Betts Rhodes

Querido Dios,

Sé que sólo soy pequeño/a.

No puedo preocuparme por cosas grandes.

Pero sé que estoy seguro con Dios:

Tan seguro como un bebé en los brazos

de su mamá.

Basado en el Salmo 131

Mano en mano
con alguien que me ama
me siento seguro/a.

Mirando hacia atrás
a alguien que me ama
me siento seguro.

Mirando hacia arriba
al Dios que me ama
me siento seguro.

Mi bautismo

Soy bautizado/a
para mostrar que soy verdaderamente hijo
o hija de Dios.

Soy bautizado
para mostrar que verdaderamente quiero
seguir a Jesús.

Soy bautizado
para mostrar que quiero que el Espíritu
Santo de Dios sea mi amigo y mi ayudante.

Un día, unas personas trajeron a sus niños a Jesús. Querían que les diera su bendición.

Los amigos de Jesús se enojaron. "No pueden hacer que Jesús pierda el tiempo" dijeron. "Está muy ocupado predicando. Lo que dice es demasiado bueno y demasiado importante para los niños".

Jesús llamó a los niños y dijo, "Dejen que los niños vengan a mí, y no se lo impidan". "Porque el reino de Dios es de quienes son como ellos".

Basado en Lucas 18

Jesús contó una historia acerca de un pastor
y sus ovejas.

Había una vez un pastor que tenía cien ovejas.

Un día, una ovejita se perdió.

El pastor dejó a las noventa y nueve, seguras en su pasto verde. Se fue a buscar a su ovejita. Caminó por las colinas y por los valles. Pasaron muchas horas. Llegó la puesta del sol.

Por fin el pastor encontró a su ovejita. Se había ido muy lejos. El pastor se alegró muchísimo cuando la vio de nuevo. Con dulzura la recogió y la trajo consigo.

Cuando la ovejita estuvo segura con su rebaño, el pastor llamó a sus amigos.

"¡Estoy tan contento!" dijo. "He encontrado a mi ovejita perdida. Por favor, vengan a una fiesta para celebrar".

Jesús dijo, "Dios es como ese pastor.

"Cuando alguien se dirige a Dios y le pide que le permita volver a ser parte del círculo del amor de Dios, todos los ángeles cantan de alegría".

Basado en Lucas 15

Angel de mi guarda,

dulce compañía,

no me desampares

ni de noche ni de día. Amén.

Oración tradicional

Un hijo
Una hija
de Dios

Me lavo las manos
para que estén limpias
y listas para hacer el bien.

Y Dios, desde arriba,
me enseñará a hacer
las cosas que debo hacer.

Querido Dios,
digo mis oraciones por la mañana
cuando el sol dorado empieza a brillar.

Te ruego que me muestres qué hacer.
Te ruego que me ayudes a ser bueno/a.

Te ruego que me cuides
y me mantengas seguro/a.

Te ruego que me bendigas
y que me ayudes a ser feliz.

Basado en el Salmo 5

No podemos hacer cosas grandes,
Sólo cosas pequeñas con gran amor.

Madre Teresa de Calcuta

Que mis manos sean manos que ayudan
A hacer todo lo que hay que hacer,
Que traigan y lleven, levanten y sostengan
Y hagan que lo difícil sea divertido.

Que mis manos sean manos listas
En todo que hago y preparo
Con ladrillos, arena y barro,
Con papel, pintura y pegamento.

Que mis manos sean manos dulces
Y que nunca me atreva ni
A empujar ni a pinchar ni a lastimar ni a
    hacer daño
Sino a tocar con cariño y cuidado.

Quienes aman son hijos e hijas de Dios . . .
porque Dios es amor.

Basado en 1 Juan 4

Amaré a Dios con todo mi corazón.
Amaré a Dios con toda mi alma.
Amaré a Dios con todas mis fuerzas.

Basado en Deuteronomio 6:5

Amaré a mi prójimo como a mí mismo/a.

Basado en Levítico 19:18

Amaré hasta a las personas que no son
simpáticas conmigo. Oraré por ellas.

Basado en Mateo 6

Amaré a quienes siguen a Jesús,
tanto como Jesús nos amó primero.

Basado en Juan 13

Dios

¡Oh Dios!

en verdad eres nuestro padre,

en verdad eres nuestra madre.

Te damos las gracias, Dios nuestro padre,

por tu fuerza y por tu bondad.

Te damos las gracias, Dios nuestra madre,

por la intimidad de tu cuidado.

Oh Dios, te damos las gracias por el gran
  amor

que sientes por cada uno de nosotros.

Julian de Norwich

Blanca es la espuma de las olas,
Blanca es la nieve:
Grande es Dios
Que creó todas cosas.

Verdes son las praderas,
Verde es el árbol:
Grande es Dios
Que nos creó a ti y a mí.

Azul es el aciano,
Azul es el cielo:
Grande es Dios
Que creó todo que hay.

Dorada es la siega,
Dorado es el sol:
Dios es nuestro Creador—
Grande es Dios.

Querido Dios,

Gracias por ser tan bueno con nosotros.

Gracias por escuchar nuestras oraciones.

Gracias por el mundo en que vivimos:

el verano y el invierno,

la luz del sol y la lluvia;

el tiempo de la siembra

y el tiempo de la cosecha.

Gracias por todas las cosas buenas que el
   mundo nos da.

Basado en el Salmo 65

¡Que todo el mundo cante a nuestro Dios!
Los ángeles en las alturas,
el sol, la luna y los estrellas plateadas
que relucen durante la noche;

Los océanos y las ballenas gigantes,
las tempestades y el viento y la lluvia,
los animales y las aves en todas las
montañas, colinas y llanuras;

Y que toda la gente, joven y vieja,

los ricos y los pobres:

canten sus alabanzas a Dios que creó

  el mundo,

canten sus alabanzas por los siglos de los siglos.

Basado en el Salmo 148

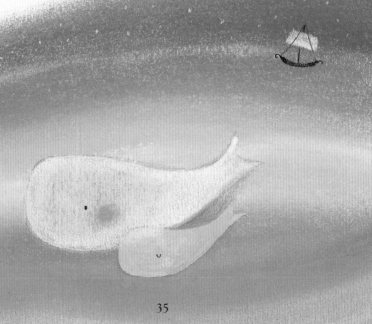

35

Querido Dios, tú eres mi pastor,

Me das todo lo que necesito,

En verdes pastos me conduces,

Y con seguridad me alimento.

Me conduces donde el agua

Está calmada y fresca y clara;

Y allí descanso y sé que estoy seguro

Porque siempre estás cerca.

Basado en un poema de Lois Rock,
basado en el Salmo 23

Jesús

Jesús, amigo de los niños,
sé un amigo mío;
Tómame de la mano, y siempre
guárdame cerca de ti.

Walter John Mathams

Déjame viajar a la Navidad
por la luz de una estrella.
Déjame ir a la ladera
donde están los pastores.
Déjame ver los ángeles relucientes
cantando desde el cielo.
Déjame ver a María
Abrazando al santo niño con amor.

Lois Rock

"Escúchame", dijo Jesús. "Lo único
que importa de verdad es ser parte del reino
de Dios. No te preocupes por ninguna otra
cosa".

"Mira los pájaros. Ellos no se preocupan ni por sembrar ni por recoger la cosecha. Saben que Dios les va a cuidar.

"Mira las flores. No se preocupan por fabricar ropa. Pero Dios les da pétalos que son mucho más bonitos.

"Si a Dios le importan tanto los pájaros y las flores, seguramente que a ti te va a cuidar mucho más".

Basado en Mateo 6

"Cuando oren", dijo Jesús, "digan estas palabras:

Padre nuestro, que estás en el cielo,
santificado sea tu nombre.
Venga a nosotros tu Reino;
hágase tu voluntad en la tierra como en el cielo.
Danos hoy nuestro pan de cada día;
perdona nuestras ofensas,
como también nosotros perdonamos a los
    que nos ofenden;
no nos dejes caer en la tentación,
y líbranos del mal.

"Porque tuyo es el reino, el poder
y la gloria por siempre.
Amén".

"Escúchenme", dijo Jesús. "El reino de Dios es así:

Una persona toma un grano de mostaza y lo siembra en su campo.

Cuando crece se convierte en un árbol grande. Todas las aves vienen a hacer sus nidos en sus ramas".

Basado en Mateo 13

Querido Dios

Protégeme en el reino de tu amor.

Jesús fue crucificado.
Murió y fue sepultado.
Dios le dio nueva vida.

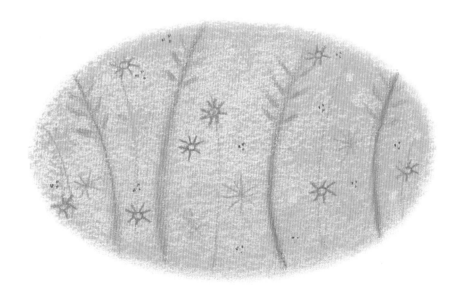

En el jardín de la Pascua
las hojas se vuelven verdes;
en el jardín de la Pascua
se ve al Señor resucitado.

En el jardín de la Pascua
sabemos que Dios
nos trae a todos nosotros al cielo
por Jesús y por su amor.

Lois Rock

La Navidad es el tiempo cuando los ángeles
abren las puertas del cielo a la tierra:
quiero invitar al cielo a entrar en mi vida.

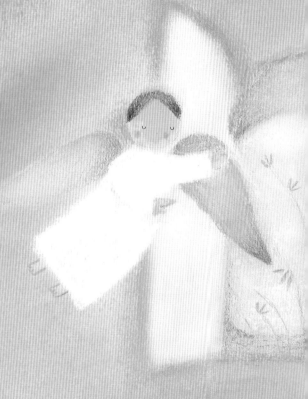

La Pascua es el tiempo cuando los ángeles
abren las puertas del cielo a la tierra:
quiero seguir a Jesús al reino de Dios.

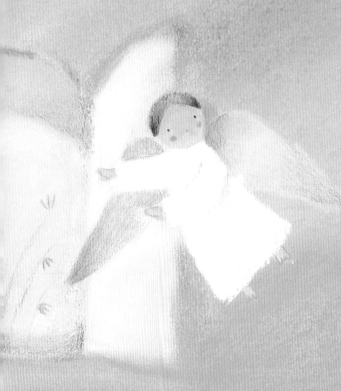

El Espíritu Santo de Dios

Que venga el Espíritu
como los vientos que soplan:
quítame las dudas;
ayúdame para que crezca mi fe.

Que venga el Espíritu
como una llama de oro:
calienta mi alma en mi interior;
hazme fuerte y valiente.

Lois Rock

Espíritu de Dios
pon amor en mi vida.

Espíritu de Dios
pon alegría en mi vida.

Espíritu de Dios
hazme bueno/a.

Espíritu de Dios
hazme amable.

Basado en Gálatas 1

Que mi vida brille
como una estrella en la noche,
llenando mi mundo
de bondad y luz.

Basado en Filipenses 2

Bendiciones

Que Dios te bendiga y te cuide.

Que Dios sea bueno contigo y

haga cosas buenas para ti.

Que Dios te mire con amor y

te dé la paz.

Basado en Números 6

Dios el Padre,
muy arriba en el cielo,
escucha mis oraciones
y acércate a mí.

Dios el Hijo,
muy arriba en el cielo,
escucha mis oraciones
y acércate a mí.

Dios el Espíritu Santo,
muy arriba en el cielo,
escucha mis oraciones
y acércate a mí.

Dios bendiga a todas las personas que amo;
Dios bendiga a todas las personas que me
 aman a mí;
Dios bendiga a todas las personas que aman
a quienes me aman a mí.

Basado en un dicho de Nueva Inglaterra

Señor, mantennos seguros esta noche,
Protegidos de todos nuestros temores.
Que los ángeles nos protejan mientras
   dormimos,
hasta que la luz de la mañana aparezca.

John Leland

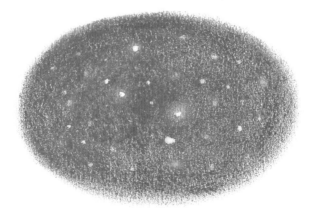

Cuando me acuesto, duermo en paz;
porque tú solo, Señor, me mantienes
perfectamente seguro.

Basado en el Salmo 4

Ahora me acuesto a dormir,
te ruego Señor que me protejas;
que tu amor me guarde por la noche,
y que me despierte en la luz de la mañana.

Basado en una oración tradicional

Que la gracia del Señor Jesús
esté con todos nosotros.

Apocalipsis 22 – la última oración de la Biblia